흔들리지 않는 갈대

국립중앙도서관 출판시도서목록(CIP)

흔들리지 않는 갈대 / 지은이: 정호승. -- 양평군 : 시인생각, 2013
 p. ; cm. -- (한국대표명시선 100)

"정호승 연보" 수록
만해사상실천선양회의 지원으로 간행되었음
ISBN 978-89-98047-99-3 03810 : ₩6000

한국 현대시[韓國 現代詩]

811.62-KDC5
895.714-DDC21   CIP2013013087

한 국 대 표
명 시 선
1 0 0

정 호 승

흔들리지 않는 갈대

시인생각

■ 시인의 말

  1991년에 출간된 시선집 『흔들리지 않는 갈대』를 재출간합니다. 그동안 이 시선집은 오랫동안 사장돼 있었습니다. 이번에 재출간하면서 어떤 작품은 빼고 어떤 작품은 새로 넣었습니다. 현 시점에서 이 시선집을 통해 제 시 전체를 읽고 이해하는 데에는 아쉬움이 있습니다. 그러나 제 초기 시를 이해하는 데에는 부족함이 없다고 생각됩니다.
  지금까지 살아오면서 저도 김종삼 시인처럼 "지은 죄 많아 / 죽으면 영혼이 없을" 것 같습니다. 그러나 시가 있어 다행입니다. 시는 시인의 것이 아니라 독자의 것이므로, 제 시가 독자들의 영혼이 되길 소원해봅니다.

2013년 여름
정 호 승

■ 차 례 ──────────── 흔들리지 않는 갈대

시인의 말

1 슬픔이 기쁨에게

슬픔이 기쁨에게　13
슬픔으로 가는 길　14
슬픔을 위하여　15
슬픔은 누구인가　16
맹인 부부 가수　18
파도타기　19
눈사람　20
혼혈아에게　22
벼꽃　24
아버지의 눈물　26
구두 닦는 소년　27
꿀벌　28
첨성대　30

한국대표명시선100 정호승

2 서울의 예수

눈물꽃　35
개망초꽃　36
서대문 하늘　38
우리가 어느 별에서　40
이별노래　42
서울의 예수　44
또 기다리는 편지　45
밤 지하철을 타고　47
염천교 다리 아래 비는 내리고　48
아기의 손톱을 깎으며　50
희망을 만드는 사람이 되라　52
짜장면을 먹으며　54

3 새벽편지

새벽편지 1 57
새벽편지 2 58
부치지 않은 편지 1 59
부치지 않은 편지 2 60
아무도 슬프지 않도록 61
폭풍 62
겨울강에서 64
첫눈 65
너에게 66
나그네 새 68
봄날 69
전태일全泰壹 70
깃발 71

4 별들은 따뜻하다

삶　75
갈대　76
강변역에서　77
푸른 애인　78
또 기다림　79
사랑　80
별들은 따뜻하다　81
가을꽃　82
백두산　83
윤동주 무덤 앞에서　84
임진강에서　86
북한강에서　88

해설 민중을 신뢰하기 또는
　　　'낯익게 하기'의 시적 구도 · 박덕규　89
정호승 연보　98

1

슬픔이 기쁨에게

슬픔이 기쁨에게

나는 이제 너에게도 슬픔을 주겠다
사랑보다 소중한 슬픔을 주겠다
겨울밤 거리에서 귤 몇 개 놓고
살아온 추위와 떨고 있는 할머니에게
귤값을 깎으면서 기뻐하던 너를 위하여
나는 슬픔의 평등한 얼굴을 보여주겠다
내가 어둠 속에서 너를 부를 때
단 한 번도 평등하게 웃어주질 않은
가마니에 덮인 동사자가 다시 얼어죽을 때
가마니 한 장조차 덮어주지 않은
무관심한 너의 사랑을 위해
흘릴 줄 모르는 너의 눈물을 위해
나는 이제 너에게도 기다림을 주겠다
이 세상에 내리던 함박눈을 멈추겠다
보리밭에 내리던 봄눈들을 데리고
추워 떠는 사람들의 슬픔에게 다녀와서
눈 그친 눈길을 너와 함께 걷겠다
슬픔의 힘에 대한 이야기를 하며
기다림의 슬픔까지 걸어가겠다

슬픔으로 가는 길

내 진실로 슬픔을 사랑하는 사람으로
슬픔으로 가는 저녁 들길에 섰다
낯선 새 한 마리 길 끝으로 사라지고
길가에 핀 풀꽃들이 바람에 흔들리는데
내 진실로 슬픔을 어루만지는 사람으로
지는 저녁해를 바라보며
슬픔으로 걸어가는 들길을 걸었다
기다려도 오지 않는 사람을 기다리는 사람 하나
슬픔을 앞세우고 내 앞을 지나가고
어디선가 갈나무 지는 잎새 하나
슬픔을 버리고 나를 따른다
내 진실로 슬픔으로 가는 길을 걷는 사람으로
끝없이 걸어가다 뒤돌아보면
인생을 내려놓고 사람들이 저녁놀에 파묻히고
세상에서 가장 아름다운 사람 하나 만나기 위해
나는 다시 슬픔으로 가는 저녁 들길에 섰다

슬픔을 위하여

슬픔을 위하여
슬픔을 이야기하지 말라
오히려 슬픔의 새벽에 관하여 말하라
첫아이를 사산死産한 그 여인에 대하여 기도하고
불빛 없는 창문을 두드리다 돌아간
그 청년의 애인을 위하여 기도하라
슬픔을 기다리며 사는 사람들의
새벽은 언제나 별들로 가득하다
나는 오늘 새벽, 슬픔으로 가는 길을 홀로 걸으며
평등과 화해에 대하여 기도하다가
슬픔이 눈물이 아니라 칼이라는 것을 알았다
이제 저 새벽별이 질 때까지
슬픔의 상처를 어루만지지 말라
우리가 슬픔을 사랑하기까지는
슬픔이 우리들을 완성하기까지는
슬픔으로 가는 새벽길을 걸으며 기도하라
슬픔의 어머니를 만나 기도하라

슬픔은 누구인가

슬픔을 만나러
쥐똥나무숲으로 가자
우리들 生의 슬픔이 당연하다는
이 분단된 가을을 버리기 위하여
우리들은 서로 가까이
개벼룩풀에 몸을 비비며
흐느끼는 쥐똥나무숲으로 가자
황토물을 바라보며 무릎을 세우고
총탄 뚫린 가슴 사이로 엿보인 풀잎을 헤치고
낙엽과 송충이가 함께 불타는 모습을
바라보며 가을 형제여
무릎으로 걸어가는 우리들의 生
슬픔에 몸을 섞으러 가자
무덤의 흔적이 있었던 자리에 숨어 엎드려
슬픔의 속치마를 찢어내리고
동란에 나뒹굴던 뼈다귀의 이름
우리들의 이름을 지우러 가자
가을비 오는 날
쓰러지는 군중들을 바라보면
슬픔 속에는 분노가

분노 속에는 용기가 보이지 않으나
이 분단된 가을의 불행을 위하여
가자 가자
개벼룩풀에 온몸을 비비며
슬픔이 비로소 인간의 얼굴을 가지는
쥐똥나무숲으로 가자

맹인 부부 가수

눈 내려 어두워서 길을 잃었네
갈 길은 멀고 길을 잃었네
눈사람도 없는 겨울밤 이 거리를
찾아오는 사람 없어 노래 부르니
눈 맞으며 세상 밖을 돌아가는 사람들뿐
등에 업은 아기의 울음소리를 달래며
갈 길은 먼데 함박눈은 내리는데
사랑할 수 없는 것을 사랑하기 위하여
용서받을 수 없는 것을 용서하기 위하여
눈사람을 기다리며 노랠 부르네
세상 모든 기다림의 노랠 부르네
눈 맞으며 어둠 속을 떨며 가는 사람들을
노래가 길이 되어 앞질러 가고
돌아올 길 없는 눈길 앞질러가고
아름다움이 이 세상을 건질 때까지
절망에서 즐거움이 찾아올 때까지
함박눈은 내리는데 갈 길은 먼데
무관심을 사랑하는 노랠 부르며
눈사람을 기다리는 노랠 부르며
이 겨울 밤거리의 눈사람이 되었네
봄이 와도 녹지 않을 눈사람이 되었네

파도타기

눈 내리는 겨울밤이 깊어갈수록
눈 맞으며 파도 위를 걸어서 간다
쓰러질수록 파도에 몸을 던지며
가라앉을수록 눈사람으로 솟아오르며
이 세상을 위하여 울고 있던 사람들이
또 이 세상 어디론가 끌려가는 겨울밤에
굳어버린 파도에 길을 내며 간다
먼 산길 짚신 같듯 바다에 누워
넘쳐버릴 파도에 푸성귀로 누워
서러울수록 봄눈을 기다리며 간다
다정큼나무숲 사이로 보이던 바다 밖으로
지난 가을 산국화도 몸을 던지고
칼을 들어 파도를 자를 자 저물었나니
단 한 번 인간에 다다르기 위해
살아갈수록 눈 내리는 파도를 탄다
괴로울수록 홀로 넘칠 파도를 탄다
어머니 손톱 같은 봄눈 오는 바다 위로
솟구쳤다 사라지는 우리들의 발
사라졌다 솟구치는 우리들의 생

눈사람

사람들이 잠든 새벽 거리에
가슴에 칼을 품은 눈사람 하나
그친 눈을 맞으며 서 있습니다
품은 칼을 꺼내어 눈에 대고 갈면서
먼 별빛 하나 불러와 칼날에다 새기고
다시 칼을 품으며 울었습니다
용기 잃은 사람들의 길을 위하여
모든 인간의 추억을 흔들며 울었습니다

눈사람이 흘린 눈물을 보았습니까?
자신의 눈물로 온몸을 녹이며
인간의 희망을 만드는 눈사람을 보았습니까?
그친 눈을 맞으며 사람들을 찾아가다
가장 먼저 일어난 새벽 어느 인간에게
강간당한 눈사람을 보았습니까?

사람들이 오가는 눈부신 아침 거리
웬일인지 눈사람 하나 쓰러져 있습니다
햇살에 드러난 눈사람의 칼을
사람들은 모두 다 피해서 가고

새벽 별빛 찾아 나선 어느 한 소년만이
칼을 집어 품에 넣고 걸어갑니다
어디선가 눈사람의 봄은 오는데
쓰러진 눈사람의 길 떠납니다

혼혈아에게

너의 고향은 아가야
아메리카가 아니다
네 아버지가 매섭게 총을 겨누고
어머니를 쓰러뜨리던 질겁하던 수수밭이다
찢어진 옷고름만 홀로 남아 흐느끼던 논둑길이다
지뢰들이 숨죽이며 숨어 있던 모래밭
탱크가 지나간 날의 흙구덩이 속이다

울지 마라 아가야 울지 마라 아가야
누가 널더러
우리의 동족이 아니라고 그러더냐,
자유를 위하여 이다지도 이렇게
울지도 피 흘리지도 않은 자들이
아가야 너의 동족이 아니다
한국의 가을하늘이 아름답다고
고궁을 나오면서 손짓하는 저 사람들이
아가야 너의 동족이 아니다

초승달 움켜쥐고 키 큰 병사들이
병든 네 엄마방을 찾아올 때마다

너의 손을 이끌고 강가로 나가시던 할머니에게
너는 이제 더 이상
묻지 마라 아가야
그리울 수 없는 네 아버지의 모습을
꼭 돌아온다던 네 아버지의 거짓말을
묻지 마라 아가야

전쟁은 가고
나룻배에 피난민을 실어나르던
그 늙은 뱃사공은 어디 갔을까
학도병 따라가던 가랑잎같이
떠나려는 아가야 우리들의 아가야
너의 조국은 아프리카가 아니다
적삼 댕기 흔들리던 철조망 너머로
치솟아오르던 종다리의 품속이다

벼꽃

월남 간 오빠는 오지 않았다
벼꽃은 피고 패이고 또 피는데
오늘도 이기고 돌아오지 않았다
사람들은 낫을 들고 빈 들로 나가
자작나무 가지들만 툭툭 자르고
홀에미는 논두렁에 주저앉아서
피 흘린 송금送金만 이야기한다
벼꽃이 필 때 떠난 오빠야
자랄수록 도끼질 낫질만 하고
온 거리 돌며 돌며 넝마 줍던 오빠야
동란에 잃은 아들 찾아 헤매던
애비들도 이젠 다시 돌아오지 않고
놋그릇 빼앗기고 하늘 한번 쳐다보던
방공호에 파묻히신 외할머니도
송이버섯 따러 가서 끝내 오지 않았다
나락단 움켜쥐고 가을하늘 후려쳐도
이른 새벽 부산항을 울며 서성여도
이기고 돌아오지 않는 나의 오빠야
벼꽃은 피고 패이고 또 피는데
우리는 아직 피난민이다

달리던 남하南下의 피난열차 지붕 위에서
날마다 수없이 떨어져내리고
무너진 철교 위에 매달려 있다

아버지의 눈물

끼니마다 감자꽃 메밀꽃만 따먹다가
고구마밭 고구마만 몰래 캐어먹다가
싸전 앞 가마더미 쌀알로 뒹굴다가
머슴들 찍어먹던 청소금이 되었다가
오징어배 떠나간 벼랑 끝에 남아 있는
흰 고무신 한 켤레 찾아 신고 걷다가
첫날밤 피 흘리던 보름달 빠져 죽은
우물 속에 무덤 속에 소나기로 퍼붓다가
숫돌 위에 내려앉아 푸른 낫을 갈다가
밤비 따라 한밤 내내 한강물에 빠지고
새벽 공동수돗가 빈 물통 속 담겼다가
사글셋집 양철지붕 우박으로 때리다가
지게꾼이 주워 피운 꽁초 위에 젖어 울며
한국은행 분수보다 먼저 솟아오르는
아들놈 총 들고 떠나간 바다

구두 닦는 소년

구두를 닦으며 별을 닦는다
구두통에 새벽별 가득 따 담고
별을 잃은 사람들에게
하나씩 골고루 나눠주기 위해
구두를 닦으며 별을 닦는다
하루 내 길바닥에 홀로 앉아서
사람들 발아래 짓밟혀 나뒹구는
지난밤 별똥별도 주워서 담고
하늘 숨은 낮별도 꺼내 담는다
이 세상 별들 한 손에 모아
어머니 아침마다 거울을 닦듯
구두 닦는 사람들 목숨 닦는다
목숨 위에 내려앉은 먼지 닦는다
저녁별 가득 든 구두통 메고
겨울밤 골목길 걸어서 가면
사람들은 하나씩 별을 안고 돌아가고
발자국에 고이는 별바람 소리 따라
가랑잎 같은 손만 굴러서 간다

꿀벌

네가 나는 곳까지
나는 날지 못한다
너는 집을 떠나서 돌아오지만
나는 집을 떠나면 돌아오지 못한다

네 가슴의 피는 시냇물처럼 흐르고
너의 뼈는 나의 뼈보다 튼튼하다
향기를 먹는 너의 혀는 부드러우나
나의 혀는 모래알만 쏘다닐 뿐이다

너는 우는 아이에게 꿀을 먹이고
가난한 자에게 단꿀을 준다
나는 아직도 아직도
너의 꿀을 만들지 못한다

너는 너의 단 하나 목숨과 바꾸는
무서운 바늘침을 가졌으나
나는 단 한번 내 목숨과 맞바꿀
쓰디쓴 사랑도 가지지 못한다

하늘도 별도 잃지 않는
너는 지난겨울 꽁꽁 언
별 속에 피는 장미를 키우지만
나는 이 땅에
한 그루 꽃나무도 키워보지 못한다

복사꽃 살구꽃 찔레꽃이 지면 우는
너의 눈물은 이제 달디단 꿀이다
나의 눈물도 이제 너의 달디단 꿀이다

저녁이 오면
너는 들녘에서 돌아와
모든 슬픔을 꿀로 만든다

첨성대

할머님 눈물로 첨성대가 되었다
일평생 꺼내보던 손거울 깨뜨리고
소나기 오듯 흘리신 할머니 눈물로
밤이면 나는 홀로 첨성대가 되었다

한 단 한 단 눈물의 화강암이 되었다
할아버지 대피리 밤새 불던 그믐밤
첨성대 꼭 껴안고 눈을 감은 할머니
수놓던 첨성대의 등잔불이 되었다

밤마다 할머니도 첨성대 되어
댕기 댕기 꽃댕기 붉은 댕기 흔들며
별 속으로 달아난 순네를 따라
동짓날 흘린 눈물 북극성이 되었다

싸락눈 같은 별들이 싸락싸락 내려와
첨성대 우물 속에 퐁당퐁당 빠지고
나는 홀로 빙빙 첨성대를 돌면서
첨성대에 떨어지는 별을 주웠다

별 하나 질 때마다 한 방울 떨어지는
할머니 눈물 속 별들의 언덕 위에
버려진 버선 한 짝 남몰래 흐느끼고
붉은 명주 옷고름도 밤새 울었다

여우가 아기 무덤 몰래 하나 파먹고
토함산 별을 따라 산을 내려와
첨성대에 던져 논 할머니 은비녀에
밤이면 내려앉는 산여우 울음 소리

첨성대 창문턱을 날마다 넘나드는
동해바다 별 재우는 잔물결 소리
첨성대 앞 푸른 봄길 보리밭길을
빚쟁이 따라가던 송아지 울음소리

빙빙 첨성대를 따라 돌다가
보름달이 첨성대에 내려앉는다
할아버진 대지팡이 첨성대에 기대놓고
온 마을 석등마다 불을 밝힌다

할아버지 첫날밤 켠 촛불을 켜고
첨성대 속으로만 산길 가듯 걸어가서
나는 홀로 별을 보는 일관日官이 된다

지게에 별을 지고 머슴은 떠나가고
할머닌 소반에 새벽별 가득 이고
인두로 고이 누빈 베동정 같은
반월성 고갯길을 걸어오신다

단옷날 밤
그네 타고 계림숲을 떠오르면
흰 달빛 모시치마 홀로 선 누님이여
오늘밤 어머니도 첨성댈 낳고
나는 수놓은 할머니의 첨성대가 되었다
할머니 눈물의 화강암이 되었다

2

서울의 예수

눈물꽃

봄이 가면 남쪽 나라 눈물꽃 피네
보리피리 불면 보리꽃 피고
까마귀 울어대면 감자꽃 피더니
봄은 가고 남쪽나라 눈물꽃 피네
눈물꽃 지고나면 무슨 꽃 필까
종다리 솟아 날면 장다리꽃 피고
눈물바람 불어대면 진달래꽃 피는데
눈물꽃 지고나면 무슨 꽃 필까
눈물꽃은 모래꽃 남쪽 나라 꽃
눈물꽃 씨앗 하나 총 맞아 죽어
봄이 가면 남쪽 나라 눈물꽃 피네

개망초꽃

죽은 아기를 업고
전철을 타고 들에 나가
불을 놓았다

한 마리 들짐승이 되어 갈 곳 없이
논둑마다 쏘다니며
마른 풀을 뜯어 모아

죽은 아기 위에
불을 놓았다

겨울새들은 어디로 날아가는 것일까

붉은 산에 해는 걸려
넘어가지 않고

멀리서 동네 아이들이
미친년이라고 떠들어대었다

사람들은 왜
무우시래깃국 같은 아버지에게
총을 쏘았을까

혁명이란 강이나 풀,
봄눈 내리는 들판 같은 것이었을까

죽은 아기 위에 타오르는
마른 풀을 바라보며

내 가랭이처럼 벗고 드러누운
들길을 걸었다

전철이 지나간 자리에
피다 만 개망초꽃

서대문 하늘

죄 없는 푸른 하늘이었다
술병을 깨어 들고 가을에
너를 찔러 죽이겠다고 날뛰던 사막의 하늘
어머니가 주는 생두부를 먹으며
죄 없는 푸른 가을이었다

죄의 상처를 씻기 위하여 하늘을 보며
눈물을 흘리는 사람이 되기보다
눈물을 기억하는 사람이 되고 싶었다
비 오는 창살 밖을 거닐며
아름다운 눈물의 불씨도 되고 싶었다

데모를 한 친구의 어머니가 울고 간 날이면
때때로 가을비도 내려
홀로 핀 한 송이 들국화를 생각하며
살고 싶은 것은 진정 부끄러움이 아니었다

운명을 사랑한다는 거짓말을 하지 않아도
해는 지고 바람은 불어오고
사막의 하늘이 어두워질 때까지

죄 없는 푸른 별들이었다
죄 없는 푸른 사람이었다

우리가 어느 별에서

우리가 어느 별에서 만났기에
이토록 서로 그리워하느냐
우리가 어느 별에서 그리워하였기에
이토록 서로 사랑하고 있느냐

사랑이 가난한 사람들이
등불을 들고 거리에 나가
풀은 시들고 꽃은 지는데

우리가 어느 별에서 헤어졌기에
이토록 서로 별빛마다 빛나느냐
우리가 어느 별에서 잠들었기에
이토록 새벽을 흔들어 깨우느냐

해 뜨기 전에
가장 추워하는 그대를 위하여
저문 바닷가에 홀로
사람의 모닥불을 피우는 그대를 위하여

나는 오늘밤 어느 별에서

떠나기 위하여 머물고 있느냐
어느 별의 새벽길을 걷기 위하여
마음의 칼날 아래 떨고 있느냐

이별노래

떠나는 그대
조금만 더 늦게 떠나준다면
그대 떠난 뒤에도 내 그대를
사랑하기에 아직 늦지 않으리

그대 떠나는 곳
내 먼저 떠나가서
나는 그대 뒷모습에 깔리는
노을이 되리니

옷깃을 여미고 어둠 속에서
사람의 집들이 어두워지면
내 그대 위해 노래하는
별이 되리니

떠나는 그대
조금만 더 늦게 떠나준다면
그대 떠난 뒤에도 내 그대를
사랑하기에 아직 늦지 않으리

또 기다리는 편지

지는 저녁해를 바라보며
오늘도 그대를 사랑하였습니다
날 저문 하늘에 별들은 보이지 않고
잠든 세상 밖으로 새벽달 빈 길에 뜨면
사랑과 어둠의 바닷가에 나가
저무는 섬 하나 떠올리며 울었습니다
외로운 사람들은 어디론가 사라져서
해마다 첫눈으로 내리고
새벽보다 깊은 새벽 섬기슭에 앉아
오늘도 그대를 사랑하는 일보다
기다리는 일이 더 행복하였습니다

서울의 예수

1

예수가 낚싯대를 드리우고 한강에 앉아 있다. 강변에 모닥불을 피워놓고 예수가 젖은 옷을 말리고 있다. 들풀들이 날마다 인간의 칼에 찔려 쓰러지고 풀의 꽃과 같은 인간의 꽃 한 송이 피었다 지는데, 인간이 아름다워지는 것을 보기 위하여, 예수가 겨울비에 젖으며 서대문 구치소 담벼락에 기대어 울고 있다.

2

술 취한 저녁. 지평선 너머로 예수의 긴 그림자가 넘어간다. 인생의 찬밥 한 그릇 얻어먹은 예수의 등뒤로 재빨리 초승달 하나 떠오른다. 고통 속에 넘치는 평화, 눈물 속에 그리운 자유는 있었을까. 서울의 빵과 사랑과, 서울의 빵과 눈물을 생각하며 예수가 홀로 담배를 피운다. 사람의 이슬로 사라지는 사람을 보며, 사람들이 모래를 씹으며 잠드는 밤. 낙엽들은 떠나기 위하여 서울에 잠시 머물고, 예수는 절망의 끝으로 걸어간다.

3

목이 마르다. 서울이 잠들기 전에 인간의 꿈이 먼저 잠들어 목이 마르다. 등불을 들고 걷는 자는 어디 있느냐. 서울의 들길은 보이지 않고, 밤마다 잿더미에 주저앉아서 겉옷만 찢으며 우는 자여. 총소리가 들리고 눈이 내리더니, 사랑과 믿음의 깊이 사이로 첫눈이 내리더니, 서울에서 잡힌 돌 하나, 그 어디 던질 데가 없도다. 그리운 사람 다시 그리운 그대들은 나와 함께 술잔을 들라. 눈 내리는 서울의 밤하늘 어디에도 내 잠시 머리 둘 곳이 없나니, 그대들은 나와 함께 술잔을 들라. 술잔을 들고 어둠 속으로 이 세상 칼끝을 피해 가다가, 가슴으로 칼끝에 쓰러진 그대들은 눈 그친 서울밤의 눈길을 걸어가라. 아직 악인의 등불은 꺼지지 않고, 서울의 새벽에 귀를 기울이는 고요한 인간의 귀는 풀잎에 젖어, 목이 마르다. 인간이 잠들기 전에 서울의 꿈이 먼저 잠이 들어 아, 목이 마르다.

4

　사람의 잔을 마시고 싶다. 추억이 아름다운 사람을 만나, 소주잔을 나누며 눈물의 빈대떡을 나눠먹고 싶다. 꽃잎 하나 칼처럼 떨어지는 봄날에 풀잎을 스치는 사람의 옷자락 소리를 들으며, 마음의 나라보다 사람의 나라에 살고 싶다. 새벽마다 사람의 등불이 꺼지지 않도록 서울의 등잔에 홀로 불을 켜고 가난한 사람의 창에 기대어 서울의 그리움을 그리워하고 싶다.

5

　나를 섬기는 자는 슬프고, 나를 슬퍼하는 자는 슬프다. 나를 위하여 기뻐하는 자는 슬프고, 나를 위하여 슬퍼하는 자는 더욱 슬프다. 나는 내 이웃을 위하여 괴로워하지 않았고, 가난한 자의 별들을 바라보지 않았나니, 내 이름을 간절히 부르는 자들은 불행하고, 내 이름을 간절히 사랑하는 자들은 더욱 불행하다.

밤 지하철을 타고

지하철을 타고 가는 눈 오는 밤에
불행한 사람들은 언제나 불행하다
사랑을 잃고 서울에 살기 위해
지하철을 타고 끝없이 흔들리면
말없이 사람들은 불빛 따라 흔들린다

흔들리며 떠도는 서울밤의 사람들아
밤이 깊어갈수록 새벽은 가까웁고
기다림은 언제나 꿈속에서 오는데
어둠의 꿈을 안고 제각기 돌아가는
서울밤의 눈 내리는 사람들아

흔들리며 서울은 어디로 가는가
내 사랑 어두운 나의 사랑
흔들리며 흔들리며 어디로 가는가
지하철을 타고 가는 눈 오는 이 밤
서서 잠이 든 채로 당신 그리워

염천교 다리 아래 비는 내리고

염천교 다리 아래 비는 내리고
내 힘으로 배우고 성공하자는
구인광고 벽보판에 겨울비는 내리고
서울역을 서성대던 소년 하나
빗속을 뚫고 홀로 어디로 간다

서울역에 서서히 어둠은 내리는데
서울역전우체국 앞에도 비는 내리는데
아저씨, 어디로 가시는지
신문 한 장 사보세요, 네?
신문팔이 소녀의 목소리는 겨울비에 젖는다

서울역 시계탑 아래에서 만나던 순아
돌아갈 곳 없이 깊어가는 서울밤
사람들의 가슴마다 불이 켜지고
무작정 상경한 소녀는 비에 젖어
어느 남자 손에 이끌려 소리 없이 사라지는데

염천교 다리 아래 비는 내리고
염천교 다리 아래 빈 기차는 지나가고

흔들리는 빈 기차의 흐린 불빛 하나
젖은 내 가슴을 흔들고 지나간다
여관방의 불빛도 비에 젖는데

아기의 손톱을 깎으며

잠든 아기의 손톱을 깎으며
창 밖에 내리는 함박눈을 바라본다
별들도 젖어서 눈송이로 내리고
아기의 손등 위로 내 입술을 포개어
나는 깎여져나간 아기의
눈송이같이 아름다운 손톱이 된다

아가야 창 밖에 함박눈 내리는 날
나는 언제나 누군가를 기다린다
흘러간 일에는 마음을 묶지 말고
불행을 사랑하는 일은 참으로 중요했다
날마다 내 작은 불행으로
남을 괴롭히지는 않아야 했다

서로 사랑하기 위하여 태어난 사람들이
서로 고요한 용기로써
사랑하지 못하는 오늘밤에는 아가야

숨은 저녁해의 긴 그림자를 이끌고
예수가 눈 내리는 미아리고개를 넘어간다

아가야 내 모든 사랑의 마지막 앞에서
너의 자유로운 삶의 손톱을 깎으며
가난한 아버지의 추억을 주지 못하고
아버지가 된 것을 가장 먼저 슬퍼해보지만
나는 지금 너의 맑은 손톱을
사랑으로 깎을 수 있어서 행복하다

희망을 만드는 사람이 되라

이 세상 사람들 모두 잠들고
어둠 속에 갇혀서 꿈조차 잠이 들 때
홀로 일어난 새벽을 두려워 말고
별을 보고 걸어가는 사람이 되라
희망을 만드는 사람이 되라

겨울밤은 깊어서 눈만 내리어
돌아갈 길 없는 오늘 눈 오는 밤도
하루의 일을 끝낸 작업장 부근
촛불도 꺼져가는 어둔 방에서
슬픔을 사랑하는 사람이 되라
희망을 만드는 사람이 되라

절망도 없는 이 절망의 세상
슬픔도 없는 이 슬픔의 세상
사랑하며 살아가면 봄눈이 온다
눈 맞으며 기다리던 기다림 만나
눈 맞으며 그리웁던 그리움 만나
얼씨구나 부둥켜안고 웃어보아라
절씨구나 뺨 부비며 울어보아라

별을 보고 걸어가는 사람이 되어
희망을 만드는 사람이 되어
봄눈 내리는 보리밭길 걷는 자들은
누구든지 달려와서 가슴 가득히
꿈을 받아라
꿈을 받아라

짜장면을 먹으며

짜장면을 먹으며 살아봐야겠다
짜장면보다 검은 밤이 또 올지라도
짜장면을 배달하고 가버린 소년처럼
밤비 오는 골목길을 돌아서 가야겠다
짜장면을 먹으며 나누어갖던
우리들의 사랑은 밤비에 젖고
젖은 담벼락에 바람처럼 기대어
사람들의 빈 가슴도 밤비에 젖는다
내 한 개 소독저로 부러질지라도
비 젖어 꺼진 등불 흔들리는 이 세상
슬픔을 섞어서 침묵보다 맛있는
짜장면을 먹으며 살아봐야겠다

3

새벽편지

새벽편지 1

죽음보다 괴로운 것은
그리움이었다

사랑도 운명이라고
용기도 운명이라고

홀로 남아 있는
용기가 있어야 한다고

오늘도 내 가엾은 발자국 소리는
네 창가에 머물다 돌아가고

별들도 강물 위에
몸을 던졌다

새벽편지 2

나의 별에는
피가 묻어 있다

죄는 인간의 몫이고
용서는 하늘의 몫이므로

자유의 아름다움을
지키기 위하여

나의 별에는
피가 묻어 있다

부치지 않은 편지 1

그대 죽어 별이 되지 않아도 좋다
푸른 강이 없어도 물은 흐르고
밤하늘은 없어도 별은 뜨나니
그대 죽어 별빛으로 빛나지 않아도 좋다
언 땅에 그대 묻고 돌아오던 날
산도 강도 뒤따라와 피울음 울었으나
그대 별의 넋이 되지 않아도 좋다
잎새에 이는 바람이 길을 멈추고
새벽이슬에 새벽하늘이 다 젖었다
우리들 인생도 찬비에 젖고
떠오르던 붉은 해도 다시 지나니
밤마다 인생을 미워하고 잠이 들었던
그대 굳이 인생을 사랑하지 않아도 좋다

부치지 않은 편지 2

풀잎은 쓰러져도 하늘을 보고
꽃 피기는 쉬워도 아름답긴 어려워라
시대의 새벽길 홀로 걷다가
사랑과 죽음의 자유를 만나
언 강바람 속으로 무덤도 없이
세찬 눈보라 속으로 노래도 없이
꽃잎처럼 흘러흘러 그대 잘 가라
그대 눈물 이제 곧 강물 되리니
그대 사랑 이제 곧 노래 되리니
산을 입에 물고 나는
눈물의 작은 새여
뒤돌아보지 말고 그대 잘 가라

아무도 슬프지 않도록

우리 다시 만날 때까지
아무도 슬프지 않도록
그대 잠들지 말아라

마음이 착하다는 것은
모든 것을 지닌 것보다 행복하고
행복은 언제나
우리가 가장 두려워하는 곳에 있나니

차마 이 빈 손으로
그리운 이여
풀의 꽃으로 태어나
피의 꽃잎으로 잠드는 이여

우리 다시 만날 때까지
그대 잠들지 말아라
아무도 슬프지 않도록

폭풍

폭풍이 지나가기를
기다리는 일은 옳지 않다

폭풍을 두려워하며
폭풍을 바라보는 일은 더욱 옳지 않다

스스로 폭풍이 되어
머리를 풀고 하늘을 뒤흔드는
저 한 그루 나무를 보라

스스로 폭풍이 되어
폭풍 속을 나는
저 한 마리 새를 보라

은사시나뭇잎 사이로
폭풍이 휘몰아치는 밤이 깊어갈지라도

폭풍이 지나가기를
기다리는 일은 옳지 않다

폭풍이 지나간 들녘에 핀
한 송이 꽃이 되기를
기다리는 일은 더욱 옳지 않다

겨울 강에서

흔들리지 않는 갈대가 되리
겨울강 강언덕에 눈보라 몰아쳐도
눈보라에 으스스 내 몸이 쓰러져도
흔들리지 않는 갈대가 되리
새들은 날아가 돌아오지 않고
강물은 흘러가 흐느끼지 않아도
끝끝내 흔들리지 않는 갈대가 되어
쓰러지면 일어서는 갈대가 되어
청산이 소리치면 소리쳐 울리

첫눈

너에게는 우연이나
나에게는 숙명이다
우리가 죽기 전에 만나는 일이
이 얼마나 아름다우냐
나는 네가 흘렸던
분노의 눈물을 잊지 못하고
너는 가장 높은 나뭇가지 위에 앉아
길 떠나는 나를 내려다본다
또다시 용서해야 할 일과
증오해야 할 일을 위하여
오늘도 기도하는 새의
손등 위에 내린 너

너에게

가을비 오는 날
나는 너의 우산이 되고 싶었다
너의 빈손을 잡고
가을비 내리는 들길을 걸으며
나는 한 송이
너의 들국화를 피우고 싶었다

오직 살아야 한다고
바람 부는 곳으로 쓰러져야
쓰러지지 않는다고
차가운 담벼락에 기대서서
홀로 울던 너의 흰 그림자

낙엽은 썩어서 너에게로 가고
사랑은 죽음보다 강하다는데
너는 지금 어느 곳
어느 사막 위를 걷고 있는가

나는 오늘도
바람 부는 들녘에 서서

사라지지 않는
너의 지평선이 되고 싶었다
사막 위에 피어난 들꽃이 되어
나는 너의 천국이 되고 싶었다

나그네 새

너 없이 내가 살고
어찌 죽으랴

사나이 집 떠나면
살아 돌아오지 않는데

철쭉꽃 피면 내가 울고
찔레꽃 지면 누가 우나

깊은 강 붉은 땅 너머
너는 어디에

다시 살아 돌아오지 않는
나그네새여

저녁 해거름 쓸쓸히
땅거미 질 때마다

너 없이 내가 살고
어찌 죽으랴

봄날

내 목숨을 버리지 않아도
천지에 냉이꽃은 하얗게 피었습니다

그 아무도 자기의 목숨을 버리지 않아도
천지는 개동백으로 붉게 물들었습니다

이 나무에서 저 나무로
무심코 새 한 마리가 자리를 옮겨가는 동안

우리들 인생도 어느새 날이 저물고
까치집도 비에 젖는 밤이 계속되었습니다

내 무덤가 나뭇가지 위에 앉은
새들의 새똥이 아름다운 봄날이 되면

내가 사랑하는 사람보다
내가 미워하는 사람들이 더 아름다웠습니다

전태일 全泰壹

쓰러진 짚단을 일으켜 세우고
평화시장에서 돌아온 저녁
솔가지를 꺾어 군불을 지피며
솔방울을 한 줌씩 집어 던지면
아름다운 국화송이를 이루며 타오르는 사람
가난하면 가난할수록 하늘과 가까워져
이제는 새벽이슬이 내리는 사람

깃발

이제는 내릴 수 없는 너의 얼굴
그토록 눈부시게 푸르른 날에
힘차게 펄럭이지 않고 견딜 수 없는
너의 그리운 얼굴
푸른 하늘에 새로운 길을 내는
그 누구의 죽음도 두려워하지 않는
너의 영원한 얼굴
내 오늘도
너의 푸른 자유의 얼굴을 바라볼 수 있다는 것은
그 얼마나 커다란 행복인가
눈물이 많은 나라에서 사랑이 많은 나라로
손에 봄을 들고 뛰어오는
네 사무치게 그립고 푸른 얼굴이여
그날이 올 때까지 영원히
이제는 그 누구의 바람에도 내릴 수 없는
너의 눈부신 자유의 얼굴

4

별들은 따뜻하다

삶

사람들은 때때로
수평선이 될 때가 있다

사람들은 때때로
수평선 밖으로 뛰어내릴 때가 있다

밤이 지나지 않고 새벽이 올 때
어머니를 땅에 묻고 산을 내려올 때

스스로 사랑이라고 부르던 것들이
모든 증오일 때

사람들은 때때로
수평선 밖으로 뛰어내린다

갈대

내가 아직도 강변에 사는 것은
죽은 새들이 내 발밑에 물결치기 때문이다
내가 아직도 아무도 살지 않는 강변에 사는 것은
실패도 인생의 일부이기 때문이다
세상은 강한 자가 이긴 것이 아니라
이긴 자가 강한 것이라는
죽은 새들의 정다운 울음소리를 들으며
온종일 바람에 흔들릴 때마다
나의 삶이 진정 괴로운 것은
분노를 삭일 수 없다는 일이었나니
내가 아직도 바람 부는 강변에 사는 것은
죽은 새들이 날아간 하늘에 햇살이 빛나기 때문이다

강변역에서

너를 기다리다가
오늘 하루도 마지막날처럼 지나갔다
너를 기다리다가
사랑도 인생이라는 것을 깨닫지 못했다
바람은 불고 강물은 흐르고
어느새 강변의 불빛마저 꺼져버린 뒤
너를 기다리다가
열차는 또다시 내 가슴 위로 소리 없이 지나갔다
우리가 만남이라고 불렀던
첫눈 내리는 강변역에서
내가 아직도 너를 기다리고 있는 것은
나의 운명보다 언제나
너의 운명을 더 슬퍼하기 때문이다
그 언젠가 겨울산에서
저녁별들이 흘리는 눈물을 보며
우리가 사랑이라고 불렀던
바람 부는 강변역에서
나는 오늘도
우리가 물결처럼
다시 만나야 할 날들을 생각했다

푸른 애인

푸른 하늘 아래 너는 있다
푸른 하늘 끝 그 어딘가에 너는 있다
나는 오늘도 사는 일과 죽는 일이 부끄러워
비 오는 날의 멧새처럼 너를 기다려도
너는 언제나 가랑비처럼 왔다가 사라진다

푸른 땅 아래 너는 있다
푸른 땅 끝 그 무덤 속에 너는 있다
사는 것이 죄인 나에게
내가 산다는 것이
죄의 대가를 치르는 것인 이 밤에
너는 언제나 감자꽃처럼 피었다 진다

또 기다림

그대를 기다리다가
밤하늘에 손톱 하나 뽑아 던졌습니다
그대를 기다리다가
손톱 하나 뽑아 던지고 별이 되었습니다
세상은 아직도 죽지 않았다기에
봄밤에 별 하나 뜨지 않았다기에
오늘도 손톱 하나 뽑아 던지고 밤새 울었습니다
기다릴수록 그대는 오지 않고
바라볼수록 그대를 바라볼 수 없어
산도 메아리도 끊어질 때까지
한 사람 가고 나면 또 한 사람
붉은 손톱 뽑아 던지고 별이 되었습니다

사랑

그대는 내 슬픈 운명의 기쁨
내가 기도할 수 없을 때 기도하는 기도
내 영혼이 가난할 때 부르는 노래
모든 시인들이 죽은 뒤에 다시 쓰는 시
모든 애인들이 끝끝내 지키는 깨끗한 눈물

오늘도 나는 그대를 사랑하는 날보다
원망하는 날들이 더 많았나니
창 밖에 가난한 등불 하나 내어 걸고
기다림 때문에 그대를 사랑하고
사랑하기 때문에 그대를 기다리나니

그대는 결국 침묵을 깨뜨리는 침묵
아무리 걸어가도 끝없는 새벽길
새벽 달빛 위에 앉아 있던 겨울산
작은 나뭇가지 위에 잠들던 바다
우리가 사랑이라고 부르던 사막의 마지막 별빛
언젠가 내 가슴 속 봄날에 피었던 흰 냉이꽃

별들은 따뜻하다

하늘에는 눈이 있다
두려워할 것은 없다
캄캄한 겨울
눈 내린 보리밭길을 걸어가다가
새벽이 지나지 않고 밤이 올 때
내 가난의 하늘 위로 떠오른
별들은 따뜻하다

나에게
진리의 때는 이미 늦었으나
내가 용서라고 부르던 것들은
모든 거짓이었으나
북풍이 지나간 새벽 거리를 걸으며
새벽이 지나지 않고 또 밤이 올 때
내 죽음의 하늘 위로 떠오른
별들은 따뜻하다

가을꽃

이제는 지는 꽃이 아름답구나
언제나 너는 오지 않고 가고
눈물도 없는 강가에 서면
이제는 지는 꽃도 눈부시구나

진리에 굶주린 사내 하나
빈 소주병을 들고 서 있던 거리에도
종소리처럼 낙엽은 떨어지고
황국黃菊도 꽃을 떨고 뿌리를 내리나니

그동안 나를 이긴 것은 사랑이었다고
눈물이 아니라 사랑이었다고
물 깊은 밤 차가운 땅에서
다시는 헤어지지 말자 꽃이여

백두산

 백두산은 울고 있었다. 밤이 깊어갈수록 잠을 못 이루고 두만강을 따라 몇 번씩 몸을 뒤채이다가 온몸에 흰눈을 뒤집어 쓴 채 남으로 가고 있었다.

 봄이 오기를 기다리며 우리의 사랑이 언젠가 다시 이루어질 것을 믿으며 두만강을 건너 묘향산을 지나 백두산은 한라산을 만나러 가고 있었다.

 하늘을 찌를 듯이 서 있던 미인송들도 어깨의 눈을 털고 백두산을 따라가고 멀리 흰 비단폭을 펼친 듯 흐르던 백두폭포도 말없이 백두산을 따라가고 있었다.

 백두산 사슴떼들도 자작나무도 장백패랭이꽃도 바위종달새도 백두산을 따라가고 백두산이 한 번씩 발을 쿵쿵 내디딜 때마다 천지의 푸른 물이 출렁거렸다.

 그러나 그날 새벽 먼동이 틀 무렵, 백두산은 휴전선 앞에서 울고 있었다. 하늘 끝도 갈라진 휴전선을 뛰어넘다가 무릎을 꺾고 쓰러지고 말았다. 천지의 물은 그대로 쏟아져 평양과 서울을 휩쓸고 지나갔다.

윤동주 무덤 앞에서

이제는 조국이 울어야 할 때다
어제는 조국을 위하여
한 시인이 눈물을 흘렸으므로
이제는 한 시인을 위하여
조국의 마른 잎새들이 울어야 할 때다

이제는 조국이 목숨을 버려야 할 때다
어제는 조국을 위하여
한 시인이 목숨을 버렸으므로
이제는 한 젊은 시인을 위하여
조국의 하늘과 바람과 별들이
목숨을 버려야 할 때다

죽어서 사는 길을 홀로 걸어간
잎새에 이는 바람에도 괴로웠던 사나이
무덤조차 한 점 부끄럼 없는
죽어가는 모든 것을 사랑했던 사나이

오늘은 북간도 찬바람결에 서걱이다가
잠시 마른 풀잎으로 누웠다 일어나느니

저 푸른 겨울하늘 아래
한 송이 무덤으로 피어난 아름다움을 위하여
한 줄기 해란강은 말없이 흐른다

임진강에서

아버지 이제 그만 돌아가세요
임진강 샛강가로 저를 찾지 마세요
찬 강바람이 아버지의 야윈 옷깃을 스치면
오히려 제 가슴이 춥고 서럽습니다
가난한 아버지의 작은 볏단 같았던
저는 결코 눈물 흘리지 않았으므로
아버지 이제 그만 발걸음을 돌리세요
삶이란 마침내 강물 같은 것이라고
강물 위에 부서지는 햇살 같은 것이라고
아버지도 저만치 강물이 되어
뒤돌아보지 말고 흘러가세요
이곳에도 그리움 때문에 꽃은 피고
기다리는 자의 새벽도 밝아옵니다
길 잃은 임진강의 왜가리들은
더 따뜻한 곳을 찾아 길을 떠나고
길을 기다리는 자의 새벽길 되어
어둠의 그림자로 햇살이 되어
저도 이제 어디론가 길 떠납니다
찬 겨울 밤 하늘에 초승달 뜨고
초승달 비껴가며 흰 기러기떼 날면

그 어디쯤 제가 있다고 생각하세요
오늘도 샛강가로 저를 찾으신
강가에 얼어붙은 검불 같은 아버지

북한강에서

너를 보내고 나니 눈물 난다
다시는 만날 수 없는 날이 올 것만 같다
만나야 할 때에 서로 헤어지고
사랑해야 할 때에 서로 죽여 버린
너를 보내고 나니 꽃이 진다
사는 날까지 살아보겠다고
기다리는 날까지 기다려보겠다고
돌아갈 수 없는 저녁 강가에 서서
너를 보내고 나니 해가 진다
두 번 다시 만날 날이 없을 것 같은
강 건너 붉은 새가 말없이 사라진다

■ **해설**

민중을 신뢰하기 또는 '낯익게 하기'의 시적 구도

박 덕 규(문학평론가)

 정호승은 인간적인, 다시 말해서 인간에 대해 우호적인 시인이다. 그는 현실의 모순 아래 상처받은 삶들을 노래하는 한편 그 삶의 미래에 대해 낙관하는 미래지향적인 시인이다. 그는 국가독점과 반공 이데올로기의 남한 사회 통치구조 내에서 삶의 근거를 앗긴 농민들과 이농 노동자들의 빈민적 삶의 울분과 원한 그리고 그것의 치유를 위해 그 통치구조에 저항하는 그들의 투쟁적 일면을 제시한다. 그는 산업화 시대의 사회경제적으로 소외받는 계층이라는 의미의 <민중>의 비극과 그 비극을 이겨내려는 의지를 노래하는, 정확히 말해 <민중적 시인>이다.
 여기서 <민중시인>이라는 흔히 쓰는 말 대신에 <민중적 시인>이라는 다소 비규정적인 용어를 쓴 사실을 유념하자. 그것은 그가 살아온 70년대로부터의 삶이 민중 당사자의 관점에서가 아니라 민중을 옹호하는 자의 관점에서 영위되었다는 뜻에서 쓰인 것, 그의 삶의 뿌리가 <끼니마다 감자꽃 메밀꽃만 따먹다가/고구마밭 고구마만 몰래 캐어먹다

가>(「아버지의 눈물」)의 아버지의 삶에 가닿아 있다고 해도, 그의 삶의 현재는 그 삶의 뿌리를 떠나 현실적으로 그것으로 회귀하지 못하는 반면 그것의 비극에 가슴 아파하고 비극을 스스로 노래하지 못하는 그 계층을 대신해 노래 불러주며, 그들이 그들의 내일을 신뢰하도록 그들 삶의 의미와 그들 삶의 의지적 태도를 지지해주는 일을 시적 소임으로 하고 있다는 뜻에서 쓰인 것이기도 하다. 가령

 이른 새벽 부산항을 울며 서성여도
 이기고 돌아오지 않는 나의 오빠야
 벼꽃은 피고 패이고 또 피는데
 우리는 아직 피난민이다
 ―「벼꽃」

에서처럼, 그는 <월남 간 오빠>와 그를 보낼 수밖에 없었던 가족의 현재 속에 6·25와 그 이후의 빈궁의 역사를 <우리는 아직 피난민이다>로 집약시키면서, 시대의 변두리에서 생사를 넘나들며 살아가는 민중의 삶을 노래하고

 보리밭에 내리던 봄눈들을 데리고
 추워 떠는 사람들의 슬픔에게 다녀와서
 눈 그친 눈길을 너와 함께 걷겠다
 슬픔의 힘에 대한 이야길 하며
 기다림의 슬픔까지 걸어가겠다
 ―「슬픔이 기쁨에게」

로, 지속되는 비극 속에서 그 비극과 맞싸우게 하는 힘이 내재되어 있음을 일깨우고 있다. 민중의 비극과 그 초극의지를 바라보고 노래하는 이 민중적 시인, 사실을 말하면 80년대 전반까지의 대부분의 민중시인들은 이 시인과 다름없는 <민중적 시인>이었다. <민중적 시인>, 정호승을 비롯하여 그들은 누구인가.

  흔들리지 않는 갈대가 되리
  겨울강 강언덕에 눈보라 몰아쳐도
  눈보라에 으스스 내 몸이 쓰러져도
  흔들리지 않는 갈대가 되리
  새들은 날아가 돌아오지 않고
  강물은 흘러가 흐느끼지 않아도
  끝끝내 흔들리지 않는 갈대가 되어
  쓰러지면 일어서는 갈대가 되어
  청산이 소리치면 소리쳐 울리

                                —「겨울강에서」

라고 소리치던 사람들, 민중의 삶의 구체적인 실상을 어느 결에 그 민중의 삶의 터전에서의 보편적인 자연경관으로 바꾸어 제시하며 그 자연의 위대한 생명력을 노래해 주어 그 삶의 의의를 직유하던 시인들이 아니던가. 이럴 때 그 시인에게는 민중의 구체적 삶의 현장보다 그것의 당대적 속성을 제시하는 비유적 방법론이 무엇보다 중요했던 것, 따라서 그들은 바라보며 참여하는 자들로, 바라보는 때의 대상을 환기시키는 방법론과 참여하는 때의 대상에 대한 연민의식이 어우러지는 <민중적 서정시>를 우리 시사詩史의 한 획으로 그어놓았던 것이다. 그리고 다시 정호승의 유별스러움은 어떤 것이냐.
  우선 그가,

우리가 슬픔을 사랑하기까지는
슬픔이 우리들을 완성하기까지는
슬픔으로 가는 새벽길을 걸으며 기도하라
슬픔의 어머니를 만나 기도하라
                                                    ─「슬픔을 위하여」

라고, 슬픔을, 슬픔의 어머니까지 감싸 안으라고 노래할 때의 그 역설적 초극론이 얼마간 색다르다는 것.

  세상에서 가장 아름다운 사람 하나 만나기 위해
  나는 다시 슬픔으로 가는 저녁 들길에 섰다
                                                ─「슬픔으로 가는 길」

  자신의 눈물로 온몸을 녹이며
  인간의 희망을 만드는 눈사람을 보았습니까?
                                                          ─「눈사람」

  겨울밤은 깊어서 눈만 내리어

돌아갈 길 없는 오늘 눈 오는 밤도
하루의 일을 끝낸 작업장 부근
촛불도 꺼져가는 어둔 방에서
슬픔을 사랑하는 사람이 되라
희망을 만드는 사람이 되라
　　　　　　　　　── 「희망을 만드는 사람이 되라」

내 무덤가 나뭇가지 위에 앉은
새들의 새똥이 아름다운 봄날이 되면
　　　　　　　　　── 「봄날」

기다릴수록 그대는 오지 않고
바라볼수록 그대를 바라볼 수 없어
산도 메아리도 끊어질 때까지
한 사람 가고 나면 또 한 사람
붉은 손톱 뽑아 던지고 별이 되었습니다
　　　　　　　　　── 「또 기다림」

　초지일관 그는, 제 몸의 슬픔을 온전히 산 뒤에 비로소 오는 희망을 전망해왔다. 그때의, 온몸을 녹이며 희망을 만드는 눈사람이며, 죽음 위에 피는 새똥의 봄꽃이며, 손톱을 뽑아 던져 별을 만드는 기다림 등등은 정호승 나름의 독특한 상승적 물질 변환을 보여준다. 물론 그것은 다름 아닌 끝끝내 인간을 옹호하고 민중을 신뢰하는 낙관주의요 그 시적 방법인 것이다.

그리고 그 방법은 어떠냐 하면, 민중의 삶의 현장을 제시하지 않을뿐더러 그 자연경관 중에서도 지극히 낯익어 도리어 추상적인 모습을 재현하고 있으며, 그를 위해 지극히 친숙한 표현언어를 구사하고 있다는 점을 주목하지 않을 수 없다. 이름 하여 <낯익게 하기>의 방법론을 그만큼 오래 고수하기도 쉽지 않을 터인데, 그것이 왜 유효한가 하면, 우리의 표현언어가 지나치게 <낯설게 하기>로 치달아오면서 난해성과 다의성만을 옹호해왔다는 점을 반성하는 자리에서 시와 독자와의 시와 독자와의 공동체적 인식을 유도할 수 있었기 때문이다. 더욱이 그의 시가 민중의 삶을 향하고 있는 바에야 텍스트 수용에 있어서의 간결성과 명확성을 염두에 두지 않을 수 없었던 셈이며, 그리하여 그는 <쉬운 시>를 부르짖으며 70년대 문단에 큰 파문을 던진 「반시反詩」 동인의 일원으로 맹활약하였던 것이다. 그 표현언어는 다분히 전통지향의 것이고 또한 정서지향의 것이다. 이미 앞에서 예든 대목을 다시 일별하여도 보리밭·감자꽃·겨울강·강언덕·저녁 들길 등의 토속적 정황의 상관언어나 슬픔·희망·눈물·기다림 등의 감성적 시어들에서 그러한 표현언어의 <낯익게 하기> 성향을 손쉽게 엿볼 수 있다. 그 시행의 율격도 4·4조, 7·5조의 낯익은 것, 그에 걸맞게 시행의 내용 또한 <민요, 시, 가곡에서부터 심지어 표어에 이르기까지 우리가 늘 되부르고 떠올리는 친숙한 구절들을 원용·변용>1) 한다.

또한 그 <낯익게 하기>의 다른 방법론은, 이미 두 번이나 <이야기로 전달되는 형식미>, <관념적 체험의 픽션>이라는 평가2)를 행했듯, 우리가 자주 대하는 <재미있게 꾸민 이야기>의 극적 상황에 있다.

   염천교 다리 아래 비는 내리고
   내 힘으로 배우고 성공하자는
   구인광고 벽보판에 겨울비는 내리고
   서울역을 서성대던 소년 하나
   빗속을 뚫고 홀로 어디로 간다
                        —「염천교 다리 아래 비는 내리고」

   쓰러진 짚단을 일으켜 세우고
   평화시장에서 돌아온 저녁
   솔가지를 꺾어 군불을 지피며
   솔방울을 한 줌씩 집어 던지면
   아름다운 국화송이를 이루며 타오르는 사람
   가난하면 가난할수록 하늘과 가까워져
   이제는 새벽이슬이 내리는 사람
                                —「전태일全泰壹」

  백두산은 울고 있었다. 밤이 깊어갈수록 잠을 못 이루고 두만강을 따라 몇 번씩 몸을 뒤채이다가 온몸에 흰눈을 뒤집어쓴 채 남으로 가고 있었다.
                                        —「백두산」

  전태일도 저 혼자 영웅이 아니라 민중으로 하여 영웅이

될 수 있었다는 것, 우리 이웃 속에 우리가 사랑할 민중이 있다는 것, 그리하여 민족의 염원인 통일 또한 이 나라 이 민족 모두의 하나 된 의지를 통해 이루어질 수 있다는 그 변함없는 민중주의의 현현顯現을 위하여, 비 내리고 눈 내리고 땀 흘리고 눈물 흘리는 친숙한 삶의 이야기를 거듭 극화시켜 나가고 있다. 그 극적 상황이 다만 친숙할 뿐 아니라

>사람들은 왜
>무우시래기국 같은 아버지에게
>총을 쏘았을까
>
>혁명이란 강이나 풀,
>봄눈 내리는 들판 같은 것이었을까
>
>―「개망초꽃」

에서 보듯, 역사적 비극과 더불어온 우리 민중사의 주제를 환기시키기까지 하는 전형 상황이 되기도 하면서 뜻밖의 벅찬 감동을 몰고 온다.

제도권력의 폭압이 가중되는 나날 속에 상처받고 훼손된 민중의 삶을 바라보며 그 현실의 벽을 뚫고 나갈 의지를

>오직 살아야 한다고
>바람 부는 곳으로 쓰러져야
>쓰러지지 않는다고
>차가운 담벼락에 기대서서

홀로 울던 너의 흰 그림자

　　　　　　　　　　　　　　—「너에게」

에서처럼 역설적 초극론을 실천하는 삶 속에 담아 그것의 당위성을 인식시키려는 정호승의 시적 인식은

　　아름다움이 이 세상을 건질 때까지
　　절망에서 즐거움이 찾아올 때까지
　　함박눈은 내리는데 갈 길은 먼데
　　무관심을 사랑하는 노랠 부르며
　　눈사람을 기다리는 노랠 부르며
　　이 겨울 밤거리의 눈사람이 되었네
　　봄이 와도 녹지 않을 눈사람이 되었네

　　　　　　　　　　　　　　—「맹인 부부 가수」

에서처럼 낯익은 표현언어에 의한 극적 상황의 설정이라는 방법론과 어우러지며 독자적인 시세계를 형성해 보인다.

---

1) 정다비,「민중적 감성의 부드러운 일깨움」,「서울의 예수」, 민음사, 1982.
2) 졸고,「우리가 되기 위하여」,「숨어 보는 자의 조용한 참여」, 「시의 세상 그늘 속까지」, 한겨레, 1988.

정 호 승

연 보

1950년 1월 3일 경남 하동 출생.

1962년 대구 삼덕초등학교 졸업.

1965년 대구 계성중학교 졸업. 청소년잡지 ≪학원≫주체 학원문학상 시 부문에「브로우치의 시」우수작 당선.

1968년 대구 대륜고등학교 졸업. 청소년잡지 ≪학원≫주체 학원문학상에 시「역驛」최우수작 당선. 경희대 주체 <전국고교문예현상 모집>에 평론「고교문예高校文藝의 성찰」당선.

1968년 경희대학교 문리대 국문학과 문예장학생 입학.

1969년 대학 휴학.

1970년 육군 입대.

1972년 육군 만기 제대. 경희대 국문학과 2학년 복학. 한국일보 신춘문예에 동시「석굴암을 오르는 영희」당선. 시인 김요섭金耀燮 선생에 의해 ≪현대시학≫에 시 추천 완료.

1973년 <대한일보> 신춘문예에 시「첨성대」당선. <1973> 동인지 시작.

1976년 경희대 국문학과 졸업. 서울 숭실고등학교 국어교사 부임. 『1973』동인 활동을 중단하고 김창완金昌完, 김명인金明仁, 김승희金承熙, 김명수金明秀 등과 함께『반시反詩』동인지 시작. 이후『반시』10집까지 발간.

1979년 첫 시집 『슬픔이 기쁨에게』(창비시선 19; 창비) 출간. 숭실고등학교 퇴직. ≪주부생활≫에서 잡지기자 생활 시작.

1980년 월간 ≪샘터≫사 근무.

1981년 동아일보사 출판국 ≪여성동아≫ 근무.

1982년 조선일보 신춘문예에 단편소설 「위령제慰靈祭」 당선. 두 번째 시집 『서울의 예수』(민음사, 오늘의 시인총서 21) 출간.

1985년 조선일보사 출판국 ≪여성조선≫ ≪월간조선≫ 근무.

1986년 김창완金昌完 김명인金明仁 이동순李東洵과 함께 4인 시집 『마침내 겨울이 가려나 봐요』(열음사) 출간.

1987년 세 번째 시집 『새벽편지』(민음의시 12; 민음사) 출간.

1989년 시 「임진강에서」로 제3회 소월시문학상 수상.

1990년 네 번째 시집 『별들은 따뜻하다』(창비시선 88; 창비) 출간.

1991년 조선일보사 출판국 ≪월간조선≫차장 퇴사. 시선집 『흔들리지 않는 갈대』(미래사, 한국대표시인100선집 85) 출간.

1996년 동화집 『바다로 날아간 까치』(창비아동문고 148; 창비) 출간.

1997년 다섯 번째 시집 『사랑하다가 죽어버려라』(창비시선 161; 창비) 출간. 이 시집으로 제10회 동서문학상 수상.

1998년 여섯 번째 시집 『외로우니까 사람이다』(열림원), 어른을 위한 동화집 『연인』 『항아리』(열림원) 출간.

1999년 일곱 번째 시집 『눈물이 나면 기차를 타라』(창비시선 191; 창비) 출간. 김용택金龍澤, 도종환都鍾煥, 안도현安度眩 등과 시노래 모임 <나팔꽃> 동인 활동 시작.

2000년 시 「하늘의 그물」로 제12회 정지용문학상 수상. 시집 『눈물이 나면 기차를 타라』로 제11회 편운문학상 수상. 어른을 위한 동화집 『모닥불』, 산문집 『인생은 나에게 술 한잔 사주지 않았다』(현대문학북스) 출간. 호주 시드니에서 열린 세계시인대회 주최 주말 워크숍(Valuing Our Word Pocitic Heritage) 참석, 「한국현대시의 오늘」 주제 발표. 도서출판 현대문학북스 대표이사 취임.

2002년 시집 『눈물이 나면 기차를 타라』로 제15회 경희문학상 수상. 어른을 위한 동시집 『풀잎에도 상처가 있다』(열림원) 출간. 도서출판 현대문학북스 대표이사 퇴임.

2003년 시선집 『내가 사랑하는 사람』(열림원), 산문집 『정호승의 위안』, 동화집 『슬픈 에밀레종』(열림원) 출간. 『스무 살을 위한 사랑의 동화 1,2』(해냄) 출간.

정호승이 쓴 작은 사랑 이야기 『너를 위하여 나는 무엇이 될까』(해냄) 출간. 어른을 위한 동화집 『연인』이 중국 화하출판사華夏出版社에서 『애정고사愛情故事』로 출간.

2004년 여덟 번째 시집 『이 짧은 시간 동안』(창비시선 235; 창비) 출간. 어른을 위한 동화집 『모닥불』이 대만 목마문화사업유한공사木馬文化事業有限公司에서 『행복적이유幸福的理由』로 출간.

2005년 시화집 『너를 사랑해서 미안하다』(랜덤하우스) 출간. 서양화가 박항률과 함께 인사동 가나아트센터에서 시화전 개최. 동화집 『물처럼 소중한 정호승 동화집』 『산소처럼 소중한 정호승 동화집』(열림원) 출간. 이 동화집으로 제9회 가톨릭문학상 수상.

2006년 산문집 『내 인생에 힘이 되어준 한마디』(비채) 출간. 정호승과 함께 떠나는 작은 시 여행 『이 시를 가슴에 품는다』(랜덤하우스중앙) 출간. 일본 마에바시낭독연구회[前橋郎讀硏究會] 주최 일한日韓 시 심포지움 <일한日韓의 서정을 찾아> 참석, 하기와라 사쿠타로[萩原朔太郎]의 시와 자작시 낭송.

2007년 아홉 번째 시집 『포옹』(창비시선 279; 창비), 어른을 위한 동화집 『비목어』(예담), 시화집 『천사의 시』(조광호趙光鎬 신부와 공저共著; 대교베텔스만) 출간. 이집트 카이로에서 열린 <아랍 시 국제대회>에 참석, 자작시 낭송. 대산문화재단 주최 중국 북경과

상해에서 열린 한중수교 15주년 기념 <한중문학인 대회> 참석, 「70년대와 나의 시」 발표.

2008년 정호승시선집 『서울의 예수』가 일본 '혼다기획[本多企劃]'에서 일본어번역시집으로 출간. 시집 『포옹』으로 제23회 상화시인상 수상.

2009년 시 「물의 신발」 등으로 제4회 지리산문학상 수상.

2010년 일본 마에바시낭독연구회[前橋郎讀研究會] 주최 제2회 일한 시 심포지움 <일·한의 서정을 찾아> 참석, 하기와라 사쿠타로[萩原朔太郎]의 시와 자작시 낭송. 어른을 위한 동화집 『의자』(열림원) 출간. 동시집 『참새』(처음주니어) 출간.

2011년 열 번째 시집 『밥값』(창비, 창비시선 322) 출간. 시 「나는 아직 낙산사에 가지 못한다」로 제19회 공초문학상 수상. 정호승의 인생동화 『울지 말고 꽃을 보라』(해냄) 출간.

2013년 산문집 『내 인생에 용기가 되어준 한마디』(비채) 출간. 열한 번째 시집 『여행』(창비, 창비시선 362) 출간.

〖한국대표명시선100〗을 펴내며

　한국 현대시 100년의 금자탑은 장엄하다. 오랜 역사와 더불어 꽃피워온 얼·말·글의 새벽을 열었고 외세의 침략으로 역경과 수난 속에서도 모국어의 활화산은 더욱 불길을 뿜어 세계문학 속에 한국시의 참모습을 드러내게 되었다.
　이 나라는 글의 나라였고 이 겨레는 시의 겨레였다. 글로 사직을 지키고 시로 살림하며 노래로 산과 물을 감싸왔다. 오늘 높아져 가는 겨레의 위상과 자존의 바탕에도 모국어의 위대한 용암이 들끓고 있음이다.
　이제 우리는 이 땅의 시인들이 척박한 시대를 피땀으로 경작해온 풍성한 시의 수확을 먼 미래의 자손들에게까지 누리고 살 양식으로 공급하는 곳간을 여는 일에 나서야 할 때임을 깨닫고 서두르는 것이다.
　일찍이 만해는「님의 침묵」으로 빼앗긴 나라를 되찾고 잃어가는 민족정신을 일으켜 세우는 밑거름으로 삼았으며 그 기름의 뜻은 높은 뫼로 솟아오르고 너른 바다로 뻗어 나가고 있다.
　만해가 시를 최초로 활자화한 것은 옥중시「무궁화를 심고자」(≪개벽≫ 27호 1922. 9)였다. 만해사상실천선양회는 그 아흔 돌을 맞아 만해의 시정신을 기리는 일의 하나로 '한국대표명시선100'을 펴내게 된 것이다.
　이로써 시인들은 더욱 붓을 가다듬어 후세에 길이 남을 명편들을 낳는 일에 나서게 될 것이고, 이 겨레는 이 크나큰 모국어의 축복을 길이 가슴에 새겨나갈 것이다.

— 만해사상실천선양회 —

한국대표명시선100 | **정 호 승**

흔들리지 않는 갈대

1판1쇄 발행　2013년 7월 31일
1판5쇄 발행　2020년 10월 5일

지　은　이　정 호 승
뽑　은　이　만해사상실천선양회
펴　낸　이　이 창 섭
펴　낸　곳　**시인생각**
등 록 번 호　제2012-000007호(2012.7.6)
주　　　소　고양시 일산동구 호수로 688. A-419호
　　　　　　㈜10364
전　　　화　(031)955-4961
팩　　　스　(031)955-4960
이　메　일　lkb4000@hanmail.net

값 6,000원

ⓒ 정호승, 2013

ISBN 978-89-98047-99-3　03810

* 저자와의 협의에 의하여 인지를 생략합니다.
* 이 책의 저작권은 저자와 시인생각에 있습니다.
* 잘못된 책은 책을 구입하신 서점에서 교환하여 드립니다.

※ 이 책은 만해사상실천선양회의 지원으로 간행되었습니다.